1 Cosas que me chiflan (pages 8–9)

1 Separate the words in the wordsnakes and then write correct pictures.

losvideojuegos   latele   eldeporte
losdeberes   lamúsica   lasartesmarciales

1 .... 4 ....

2 .... 5 ....

3 .... 6 ....

2 Are these phrases positive or negative? Mark them with a P (positive) or an N (negative).

1 Me gusta la tele. ....
2 No me gustan los deberes. ....
3 No me gustan nada las artes marciales. ....
4 Me encanta la música. ....
5 Me chifla el deporte. ....
6 Me gusta mucho el fútbol. ....

3 Read the opinions. Who says what? Write the name of the person after the English questions.

- Me chifla el fútbol y soy miembro de un equipo de fútbol en mi insti. ¡Qué guay! **Enrique**
- No me gusta la tele, pero me chiflan los videojuegos. Juego a los videojuegos con mis hermanos. **Cristina**
- Me gustan mucho los insectos y tengo una colección. También me gusta la tele. **Clara**
- No me gustan nada los deberes de matemáticas, pero me gustan los deberes de dibujo. **José**
- Me encanta la música y toco la guitarra todos los días. En mi familia todos somos músicos. **Pablo**
- No me gusta el fútbol, pero me gustan las artes marciales. Soy miembro de un club de judo. **Luz**

Who...

1 ... is a member of a martial arts club? ....
2 ... has an insect collection? ....
3 ... is a member of a sports team? ....
4 ... has a musical family? ....
5 ... prefers video games to television? ....
6 ... likes art homework? ....

¡Viva! 3 © Pearson Education Limited 2015

Mi semana (pages 10–11)

1 Do the quiz. Tick the best answers for you.

¿Organizas bien tu semana?

nunca — never

1. **Veo la tele:**
   - a   a veces.
   - b   casi todos los días.
   - c   todos los fines de semana.
2. **Monto en bici:**
   - a   una vez a la semana.
   - b   a menudo.
   - c   siempre.
3. **Cocino para mi familia:**
   - a   una vez a la semana.
   - b   a menudo.
   - c   nunca.
4. **Saco fotos:**
   - a   dos veces a la semana.
   - b   casi todos los días.
   - c   siempre.
5. **Veo un partido de fútbol:**
   - a   todos los fines de semana.
   - b   a menudo.
   - c   nunca.
6. **Toco un instrumento:**
   - a   a veces.
   - b   a menudo.
   - c   nunca.

2 On a separate piece of paper, translate these sentences into English.

1. Veo la tele casi todos los días.
2. Monto en bici una vez a la semana.
3. Cocino para mi familia a menudo.
4. Saco fotos dos veces a la semana.
5. Veo un partido de fútbol todos los fines de semana.
6. Toco un instrumento a veces.

3 Read the text and then circle the correct options in the English sentences.

¿Cómo organiza Maite su semana?
Los lunes Maite baila Zumba después del insti. Los martes ve la tele – ve su programa favorito. Los miércoles escribe un correo a su abuela que vive en Colombia. Los jueves lee un cómic. Maite lee mucho, también lee novelas a menudo. Los viernes toca la guitarra. Es miembro de un grupo y practican una vez a la semana. Los sábados ve un partido de fútbol con su padre. Los domingos monta en bici con su familia. Van al parque.

1. On Mondays Maite goes dancing **before/during/after** school.
2. On Tuesdays she watches her favourite programme on **her laptop/television/her phone**.
3. On Wednesdays she **writes an email to/phones/texts** her grandmother.
4. On Thursdays she reads a **novel/book/comic**.
5. On Fridays she **plays in a group/goes to a concert/goes to a music class**.
6. On Saturdays she **plays in/watches/listens to** a football match.
7. On Sundays she **cooks/goes for a walk/goes cycling**.

Cartelera de cine (pages 12-13)

1a Use the code to complete the names of types of film.

♠ = a   ♣ = e   ♥ = i   ♦ = o   * = u

1. una película de ♠cc♥♦n ....
2. una película de ♠v♣nt*r♠s ....
3. una película de ♠n♥m♠c♥♦n ....
4. una película de c♥♣nc♥♠ f♥cc♥♦n ....
5. una película de t♦rr♦r ....
6. una c♦m♣d♥♠ ....
7. una película de s*p♣rh♣r♦♣s ....
8. una película de f♠nt♠s♥♠ ....

1b Now match the types of film in Exercise 1a to the pictures.

a   b   c    d

e    f   g    h

2 Draw a line to match the questions and answers.

1. ¿Vas al cine a menudo?
2. ¿Cuándo vas?
3. ¿Con quién vas?
4. ¿Cuál es tu película favorita?
5. ¿Quién es tu actor favorito o tu actriz favorita?

a. Mi actor favorito es Robert Pattinson y mi actriz favorita es Shailene Woodley.
b. Voy con mis amigos.
c. Mi película favorita es *Gravedad*.
d. Voy los sábados por la tarde.
e. Voy al cine una vez a la semana.

3 What about you? Answer the questions in Exercise 2 in Spanish.

....
....
....

¡4! Un cumpleaños muy especial (pages 14–15)

1 Write the letter of the correct sentence for each picture.

1 ☐   2 ☐   3 ☐   4 ☐

a Voy a ir a la bolera.
b Voy a sacar fotos.
c Voy a ir a un parque de atracciones.
d Voy a pasar la noche en casa con mis amigas.

Gramática

To form the near future tense, use the present tense of **ir** + **a** + an infinitive.

voy a ir = I'm going to go
vas a ver = you're going to see
va a ser = it's going to be
vamos a comer = we're going to eat
vais a jugar = you (plural) are going to play
van a escuchar = they're going to listen

2 Read the texts and draw lines to connect each name with two activities and an opinion.

> El fin de semana que viene voy a celebrar mi cumpleaños con mis amigos. Primero vamos a ir a un parque acuático. Después vamos a ir a un restaurante. ¡Va a ser increíble! **Mateo**
>
> El seis de agosto es mi cumpleaños y voy a celebrarlo con mi familia y mis amigos. Vamos a ir en tren y luego vamos a hacer un picnic en el parque. ¡Va a ser guay! **Mohamed**
>
> La semana que viene va a ser mi cumpleaños. Voy a invitar a mis amigas a mi casa a pasar la noche. Vamos a ver una película. ¡Va a ser divertido! **Alicia**

1 Mateo is going to…	… have a sleep-over.	It's going to be fun!
2 Mohamed is going to…	… eat in a restaurant.	It's going to be incredible!
3 Alicia is going to…	… go to a water park.	It's going to be cool!
	… have a picnic.	
	… watch a film.	
	… travel by train.	

3 On a separate piece of paper, translate the sentences into Spanish. Use the texts in Exercise 2 to help you.

1 I'm going to celebrate my birthday.
2 Next weekend I'm going to invite my friends to my house.
3 First we are going to have a picnic in the park.
4 Then we are going to watch a science fiction film.
5 Afterwards we are going to go to a restaurant.

Club de cine (pages 18–19)

1 Read the text about the film *X-Men: Days of Future Past*. Then find the Spanish for the English phrases below.

X-Men: Días del futuro pasado
Es la película más ambiciosa de toda la saga. En el futuro los mutantes X-Men y los humanos son atacados por Centinelas, unos robots que se adaptan a los poderes de los X-Men. Lobezno, interpretado por el actor australiano, Hugh Jackman, viaja al pasado para cambiar el futuro. Los efectos especiales son increíbles, especialmente en las escenas de batalla. La dirección es excelente. Es la mejor película de X-Men hasta la fecha.

To help you when you read in Spanish, look for words that are cognates (similar to English words), e.g. **la dirección** (direction) and **el futuro** (future).

But be careful of 'false friends' (words that are similar to English words but have different meanings), e.g. **la historia** (story) and **interpretar** (to play a role).

1 they are attacked ....
2 who adapt themselves ....
3 played by ....
4 travels to the past ....
5 the battle scenes ....
6 up to now ....

2 Read the text about the film *Maleficent*. Find and highlight phrases 1–5 in the text and then, using logic or by looking at the rest of the sentence, draw a line to match the Spanish phrases to their English translations.

Maléfica
¿Vas a ir al cine este fin de semana? Pues *Maléfica* es la película más original de la semana. Todo el mundo conoce la historia de *La bella durmiente*, la dulce princesa obligada a dormir durante años y años por la maldición de la bruja Maléfica... Sin embargo, ¿por qué Maléfica hace lo que hace? Esta película es la respuesta a la pregunta. La historia de Maléfica es la misma que la de *La bella durmiente*, pero hay un importante cambio: la perspectiva es desde el punto de vista de la bruja. Esta película va a interesar más a chicas que a chicos por los trajes y el maquillaje imaginativos, pero va a gustar a todo el mundo.

1 la maldición de la bruja   a the point of view
2 sin embargo   b it's going to interest
3 hace lo que hace   c however
4 el punto de vista   d the witch's spell
5 va a interesar   e she does what she does

¡REPASO 1!

1 Unjumble the words in the answer bubbles a–f and then draw a line to connect them to the correct question.

1. ¿Con quién vas al cine?
2. ¿Qué tipo de películas te gustan?
3. ¿Cuándo es tu cumpleaños?
4. ¿Tocas un instrumento?
5. ¿Qué cosas te gustan?
6. ¿Cómo organizas tu semana?

a. los Me animales. chiflan
b. los bailo. lunes pero deberes, Los hago los viernes
c. la Toco guitarra bien. muy
d. al Voy con cine amigo. mi
e. gustan superhéroes. las Me de películas
f. Es octubre. doce el de

2 Write your own answers to the questions in Exercise 1.

1.
2.
3.
4.
5.
6.

¡Viva! 3 © Pearson Education Limited 2015

¡REPASO 2!

1 Read the forum entries, then number the English sentences in the order that they appear in the text.

Kung-fu

Todos los sábados voy a clase de artes marciales. Me chifla el kung-fu y soy miembro de un club. Por la tarde mi padre y yo a menudo vemos un partido de fútbol. A veces los sábados voy a una fiesta. Me gusta bailar y bailo muy bien.

Godzilla

Los domingos por la mañana, primero hago mis deberes. No me gustan nada los deberes, pero me encanta leer y leo muchos libros. Dos o tres veces al mes voy al cine. Me encantan las películas de ciencia ficción. No me gustan las comedias.

Jugador

El fin de semana que viene va a ser mi cumpleaños. El viernes, después del insti, voy a pasar la noche en casa con mis amigos. Voy a hacer unas pizzas y vamos a jugar a los videojuegos. Luego vamos a ver unas películas de superhéroes. ¡Va a ser guay!

a I dance very well. ....
b I'm a member of a club. ....
c We are going to watch films. ....
d I love science fiction films. ....
e It's going to be cool. ....
f We often watch a match. ....

2 Find the Spanish for the phrases below in the forum entries in Exercise 1, and write them in the spaces provided.

1 I go ....
2 I am ....
3 we watch ....
4 I do ....
5 I'm going to make ....
6 we are going to play ....

3 On a separate piece of paper, write a forum entry about yourself. Use the prompts below and adapt sentences in Exercise 1.

todos los sábados
por la tarde
a veces
los domingos
dos o tres veces al mes
el fin de semana que viene

Make sure you use the correct verb ending:
voy = I go   **vamos** = we go
hago = I do   **hacemos** = we do
juego = I play   **jugamos** = we play

¡Viva! 3 © Pearson Education Limited 2015

¡GRAMÁTICA! (pages 22-23)

1 Complete the verb table with the correct form of the verb from the box.

ir	hacer	ser
voy	hago	5
1	3	eres
va	hace	6
2	4	somos

haces
vas
soy
vamos
hacemos
es

2 Complete the table with the near future in Spanish and then give the English translations of the verbs in the present and near future.

Present	Near future
1 salgo – I go out	voy a salir – I'm going to go out.
2 voy –	....
3 hago –	....
4 celebro –	....
5 juego –	....
6 soy –	....

3 Draw a line to match the two halves of the sentences. Then decide if the sentences are in the present (P) or the near future (NF).

1 A veces mis amigos y yo

2 El fin de semana que viene

3 Mi hermano pequeño

4 Mañana vamos

5 ¿Quieres ver

6 Por la noche van a invitar

7 Mi actriz favorita

8 El día uno de mayo Miguel va a

a es Emma Watson. ☐

b a comer una tarta de chocolate. ☐

c vamos al cine los sábados. [P]

d voy a celebrar mi cumpleaños. ☐

e prefiere las películas de dibujos animados. ☐

f cenar en un restaurante chino. ☐

g a sus amigos a su casa. ☐

h una comedia? ☐

¡PROGRESO!

1. Record your levels for Module 1.
2. Look at the level descriptors on pages 62–63 and set your targets for Module 2.
3. Fill in what you need to do to achieve these targets.

Listening	I have reached Level _____ in **Listening**. In Module 2, I want to reach Level _____. I need to _____ _____ _____ _____
Speaking	I have reached Level _____ in **Speaking**. In Module 2, I want to reach Level _____. I need to _____ _____ _____ _____
Reading	I have reached Level _____ in **Reading**. In Module 2, I want to reach Level _____. I need to _____ _____ _____ _____
Writing	I have reached Level _____ in **Writing**. In Module 2, I want to reach Level _____. I need to _____ _____ _____ _____

¡Viva! 3 © Pearson Education Limited 2015

Opiniones — Opinions

¿Qué cosas te gustan?	What things do you like?	el fútbol	football
¿Qué cosas te encantan / te chiflan?	What things do you love?	el racismo	racism
		la música	music
¿Qué cosas no te gustan (nada)?	What things do you not like (at all)?	la tele	TV
		la violencia	violence
Me gusta(n) (mucho)…	I like… (a lot).	los animales	animals
Me encanta(n) / Me chifla(n)…	I love…	los deberes	homework
No me gusta(n) (nada)…	I don't like… (at all).	los insectos	insects
el deporte	sport	los videojuegos	video games
el dibujo	drawing	las artes marciales	martial arts

En mi tiempo libre — In my free time

Soy miembro de un club (de judo).	I am a member of a (judo) club.	Soy miembro de un grupo.	I am a member of a group / band.
Soy miembro de un equipo.	I am a member of a team.		

¿Cómo organizas tu semana? — How do you organise your week?

Bailo Zumba®.	I dance Zumba®.	Monto en bici.	I ride a bike.
Cocino para mi familia.	I cook for my family.	Saco fotos.	I take photos.
Escribo canciones.	I write songs.	Toco el teclado.	I play the keyboard.
Leo cómics / libros.	I read comics / books.	Veo un partido de fútbol.	I watch a football match

¿Cuándo? — When?

los lunes / martes / miércoles / jueves	on Mondays / Tuesdays / Wednesdays / Thursdays	los fines de semana	at weekends
		después del insti	after school

Expresiones de frecuencia — Expressions of frequency

una vez a la semana	once a week	siempre	always
dos veces a la semana	twice a week	(casi) todos los días	(almost) every day
a veces	sometimes	todos los fines de semana	every weekend
a menudo	often		

Cartelera de cine — What's on at the cinema

¿Qué tipo de película es?	What type of film is it?	una película de ciencia ficción	a science-fiction film
Es…	It is…		
una comedia	a comedy	una película de fantasía	a fantasy film
una película de acción	an action film	una película de superhéroes	a superhero film
una película de animación	an animated film		
una película de aventuras	an adventure film	una película de terror	a horror film

¿Qué tipo de películas te gustan? — What type of films do you like?

Me encantan las comedias.	I love comedies.	Mi película favorita es…	My favourite film is…
Me chiflan las películas de ciencia ficción.	I love science-fiction films.	Mi actor favorito es…	My favourite actor is…
		Mi actriz favorita es…	My favourite actress is…
No me gustan las películas de terror.	I don't like horror films.		

¿Vas a menudo al cine? — Do you often go to the cinema?

Voy una vez al mes.	I go once a month.	Voy los sábados por la mañana.	I go on Saturday mornings.
Voy dos veces al mes.	I go twice a month.		
Voy los domingos por la tarde.	I go on Sunday afternoons / evenings.		

¿Cuándo vas a celebrar tu cumpleaños? — When are you going to celebrate your birthday?

mañana	tomorrow	el mes que viene	next month
la semana que viene	next week	el nueve de febrero	on the ninth of February
el fin de semana que viene	next weekend		

¿Cómo vas a celebrar? — How are you going to celebrate?

Voy a hacer karting.	I am going to do go-karting.	Voy a sacar muchas fotos.	I am going to take lots of photos.
Voy a ir a la bolera.	I am going to go bowling.	Vamos a montar en una montaña rusa.	We are going to ride a roller coaster.
Voy a ir a un parque de atracciones.	I am going to go to a theme park.	Vamos a ver películas de terror.	We are going to watch horror films.
Voy a jugar al paintball.	I am going to play paintball.	¡Va a ser genial!	It's going to be great!
Voy a pasar la noche en casa con mis amigos/as.	I am going to have a sleepover at home with my friends.		

Palabras muy frecuentes — High-frequency words

casi	nearly, almost	o	or
primero	first	y	and
luego	then	pero	but
después	afterwards	también	also
más tarde	later	por supuesto	of course

Hotel Desastre (pages 30-31)

1 Look at the job pictures and find the Spanish words for them in the wordsearch. Write the words next to the pictures.

C	A	M	A	R	E	R	O	C	D	L	P
H	D	C	L	L	I	E	I	A	E	Q	E
P	E	F	I	X	M	P	M	M	P	J	L
E	P	E	M	L	T	F	H	A	E	A	U
L	E	P	P	H	J	N	Q	R	N	R	Q
U	N	L	I	H	G	J	U	E	D	D	U
Q	D	N	A	M	P	I	D	R	I	I	E
U	I	D	D	L	K	S	O	A	E	N	R
E	E	I	O	T	Q	N	R	D	N	E	O
R	N	E	R	E	Z	M	A	F	T	R	C
A	T	P	A	R	H	E	Z	W	E	O	Y
J	A	P	N	C	O	C	I	N	E	R	O

2 Read the texts. Write a sentence to say what job each person does.

1. Trabajo en una oficina. Tengo que hablar por teléfono y ayudar a los clientes. Es muy estresante y mis jefes son severos. **Martín**

   → Martín es recepcionista.

2. Mi trabajo es creativo. Tengo que cortar el pelo a los clientes. Mis clientes son muy simpáticos. **Alicia**

3. Trabajo en un hotel. Tengo que preparar comida en la cocina. Es estresante y no es fácil, pero me encanta. **Rodolfo**

4. Mi trabajo es monótono. Tengo que limpiar las habitaciones en un hotel muy grande. **Julia**

5. Mi trabajo es interesante porque trabajo en una tienda muy grande. Tengo que vender productos a los clientes. **Carlos**

3 Read the texts in Exercise 2 again. Do the people like their job or not? Beside each sentence you wrote, put a tick (✓) if they like their job or a cross (✗) if they don't.

¿En qué te gustaría trabajar? (pages 32-33)

1 Cross out the days of the week in the wordsnake and write the eight jobs in the spaces below.

cantantelunesprofesoradomingomecánicojuevesperiodistamartesenfermeramiércolespolicíasábadodiseñadoraviernesveterinaria

....

....

....

2 Read the sentences and choose the ideal job from Exercise 1 for each person.

1 Me gusta el arte, pero no me gusta la música. Soy ambiciosa y creativa. ....

2 Soy práctico y trabajador. Me gustaría hacer un trabajo manual. No me gustaría trabajar en una oficina. ....

3 Soy paciente y trabajadora. Me gustaría trabajar al aire libre y me gustaría trabajar con animales. ....

4 No me gustaría trabajar en una oficina y no me gustaría trabajar en un hospital. Me gustaría trabajar con niños. ....

> To say what you would like to do or be in the future, use **me gustaría** + infinitive, e.g.:
> **Me gustaría trabajar en un hospital.** = I would like to work in a hospital.
> **Me gustaría ser enfermera.** = I would like to be a nurse.

3 Read the texts and then write Luis or Susana to complete the sentences below.

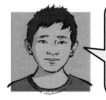

Me llamo Luis. Me gustaría trabajar en Londres durante el verano. Prefiero trabajar en equipo y me gustaría trabajar en un hotel o en un restaurante. Soy sociable y trabajador.

Me llamo Susana y soy española. Hablo inglés bastante bien. Me gustaría trabajar en Inglaterra. Creo que soy paciente, responsable y trabajadora. Me gustaría trabajar con niños.

1 .... is looking for a summer job.

2 .... would like to work with children.

3 .... is patient and hardworking.

4 .... would like to work in London.

5 .... doesn't want to work alone.

6 .... would like a job in a hotel or restaurant.

¡Viva! 3 © Pearson Education Limited 2015

¿Qué tal ayer en el trabajo? (pages 34–35)

1 Label each picture with the correct caption. Then number the pictures in the correct order.

- Finalmente, a las cinco, fui a casa.
- Luego escribí correos.
- A la hora de comer comí un bocadillo y bebí agua.
- Por la tarde ayudé a la recepcionista y hablé con los clientes.
- Ayer trabajé en una oficina. Llegué a las nueve.
- Primero preparé el café para la jefa.

a

b

c

d

e

f

2 Translate the sentences into English.

1 Ayer trabajé en un hotel. ....

2 Llegué a las ocho. ....

3 Primero hablé con el jefe del hotel. ....

4 Por la mañana trabajé en la cocina y ayudé a los cocineros. ....

5 Por la tarde limpié las habitaciones. ....

4 ¿Cómo es un día típico? (pages 36-37)

1 Match the questions and answers. Write the letters of the answers in the spaces provided.

1 ¿Cómo te llamas y de dónde eres? ....
2 ¿En qué trabajas? ....
3 ¿Cómo es un día típico? ....
4 ¿Qué idiomas hablas? ....
5 ¿Te gusta tu trabajo? ....

a De lunes a sábado llego a la tienda a las ocho y media. Trabajo toda la mañana. A mediodía normalmente como en un restaurante cerca de la tienda. Por la tarde trabajo hasta las nueve.

b Me llamo Claudia y soy de Barcelona.

c Sí, me encanta. Siempre es interesante porque la ropa en la tienda cambia frecuentemente. Los clientes, por lo general, son simpáticos.

d Soy jefa de ventas en una de las tiendas de *Zara* en el centro de Barcelona. Soy responsable de la tienda y de todos los dependientes que trabajan allí.

e Trabajé como dependienta en una tienda de *Zara* en Londres durante dos años. También pasé seis meses en París. Por eso hablo inglés y francés bastante bien.

2 Answer the questions in English about the interview in Exercise 1.

1 Where does Claudia work? ....
....
2 What is her job? ....
....
3 How many days does she work each week? ....
4 Which languages does she speak quite well and why? ....
....
5 What does she like about her job? ....
....

¡Viva! 3 © Pearson Education Limited 2015

¡SKILLS! Mi diccionario y yo (pages 38–39)

1 Add these words to the correct word group.

> en equipo
> repetitivo
> recepcionista
> responsable

SKILLS
- Learn new vocabulary in groups of words that go together.
- Write down phrases and sentences that include the new vocabulary to help you remember it.
- Always check you've used the correct masculine or feminine forms of nouns and adjectives in your written work.

A Soy...
dependiente/dependienta
enfermero/enfermera
mecánico/mecánica
profesor/profesora
....

B Soy...
independiente
práctico/práctica
sociable
trabajador/trabajadora
....

C Trabajo...
al aire libre
en una oficina
solo/sola
con niños
....

D Es...
creativo
estresante
interesante
....

2 Write the letter of the word group from Exercise 1 that you could use to complete each sentence.

1 Me gustaría trabajar...   ....C....
2 No me gustaría trabajar...   ....
3 Me gustaría hacer un trabajo...   ....
4 No me gustaría hacer un trabajo...   ....
5 Creo que soy...   ....
6 Me gustaría ser...   ....

3 On a separate piece of paper, translate the sentences about Sofía into Spanish. (All the words and phrases you need are on this page.)

1 I'd like to work with children and I'd like to work in a team.
2 I wouldn't like to work in an office.
3 I think I'm hard-working, independent and sociable.
4 I'd like to do an interesting job.
5 I'd like to be a teacher.

¡A trabajar! (pages 40–41)

LECTURA

SKILLS

Authentic texts often contain words you haven't learnt yet, but don't panic. When you 'skim' read a text, start by asking yourself the following questions:
- Which words do I know in the text that will tell me what the topic is?
- What kind of text is it? Is it a story, a news report, a poem, an email, a text message or an advert?

1 Read the two texts. Tick the correct option for the questions below.

> Se busca licenciado en periodismo, marketing o informática. También se valora el conocimiento de idiomas y la capacidad para trabajar en equipo.

> **Guía de turismo**
> Se requiere joven dinámico, aficionado a las actividades al aire libre, para realizar labores de guía turístico en un parque nacional. Es importante hablar inglés a nivel avanzado.

1 What is the topic?
- a holidays ☐
- b work ☐
- c sport ☐

2 What kind of texts are they?
- a text messages ☐
- b news reports ☐
- c job adverts ☐

2 Write the Spanish phrases from the texts in Exercise 1 beside the English translations.

1 we're looking for a graduate in journalism, marketing or IT ....

2 knowledge of languages is also important ....

3 the ability to work as part of a team ....

4 dynamic young person ....

5 outdoor pursuits ....

6 it's important to speak English ....

¡Viva! 3 © Pearson Education Limited 2015

Solve the crossword by completing the sentences below in Spanish with the correct words from the box.

camarero   cocinera   dependientas   garaje   hospital
jardinero   limpiadora   oficina   peluquera   profesora   veterinario

Horizontales
4. Corto el pelo a los clientes. Soy ....
8. Mi padre es mecánico. Trabaja en un ....
10. Mi trabajo es estresante, pero soy creativa y me gusta crear platos nuevos. Soy ....
11. Soy enfermera. Trabajo en un ....

Verticales
1. Me gustaría trabajar con animales. Quiero ser ....
2. Trabajo en un restaurante, pero no soy cocinero. Soy ....
3. Laura y Julia ayudan a los clientes y venden productos. Son ....
5. Mi hermana es .... Trabaja en un hotel. Tiene que limpiar las habitaciones.
6. Mi madre es .... Trabaja en un colegio para niños de cinco a nueve años. Es muy paciente.
7. Soy recepcionista. Trabajo en una .... Tengo que hablar por teléfono en inglés y en español.
9. Tengo que cuidar las plantas y las flores. Soy ....

¡Viva! 3 © Pearson Education Limited 2015

1 Draw a line to match the answers to the questions.

1. ¿Qué tipo de persona eres?
2. ¿Te gustaría trabajar en una oficina o al aire libre?
3. ¿Te gustaría trabajar solo o en equipo?
4. ¿Te gustaría hacer un trabajo creativo?
5. ¿Qué no te gustaría hacer?
6. ¿Qué trabajo te gustaría hacer? ¿Por qué?

a. Me gustaría trabajar al aire libre.
b. Creo que soy práctico, responsable y trabajador.
c. Me gustaría ser jardinero porque me gustan las plantas.
d. Me gustaría trabajar solo porque soy bastante independiente.
e. No me gustaría trabajar con niños porque no soy paciente.
f. Sí, esto es muy importante para mí.

2a Yesterday was Elena's first day of work. Number the sentences in the correct order.

a. A la hora de comer sólo comí un bocadillo. ....
b. Finalmente llegué a casa. No me gusta trabajar. ¡Prefiero estudiar en el instituto! ....
c. Luego llegué tarde al trabajo. ....
d. Por la mañana preparé café para el jefe y contesté al teléfono. ....
e. Por la tarde limpié la oficina. ....
f. Ayer fue un desastre. Primero perdí mi móvil en el metro. ....1....

b Answer the questions about Elena's first day at work in English.

1. What happened on the way to work? ....
2. Did she arrive on time? ....
3. What did she do in the morning? ....
4. What did she have for lunch? ....
5. What did she do after lunch? ....
6. What are Elena's first impressions of work compared to school life? ....

¡GRAMÁTICA!
(pages 44–45)

1 Translate the words in brackets into Spanish using the correct form of *tener que* from the box.

> tengo que   tienes que   tiene que   tenemos que   tenéis que   tienen que

1. (*We have to*) .... limpiar la habitación.
2. José y Alberto, (*you have to*) .... cuidar las plantas.
3. Cuando hace calor, (*you have to*) .... beber bastante agua.
4. Espere un momento, por favor, (*I have to*) .... contestar al teléfono.
5. Son entrenadores personales. (*They have to*) .... motivar a los clientes a hacer deporte.
6. Lo siento, pero el jardinero (*he has to*) .... limpiar la piscina.

2 Circle the two correct adjectives in each sentence.

1. Los profesores tienen que ser **paciente/pacientes** y **organizado/organizados**.
2. Se busca dos dependientas **responsable/responsables** y **trabajadores/trabajadoras** para una tienda de ropa femenina.
3. Los diseñadores son **creativas/creativos** y sus diseños son **interesante/interesantes**.
4. Los recepcionistas tienen que ser **paciente/pacientes** porque a veces los clientes son **difícil/difíciles**.

3 Complete the text by writing the verbs in brackets in the present or the preterite.

> Soy directora de relaciones públicas en un club de fútbol.
> En un día típico **1 (organizar)** .... entrevistas para los periodistas. También **2 (ir)** .... a todos los partidos. **3 (Hablar)** .... inglés, francés y alemán. Es muy útil porque **4 (viajar)** .... bastante con el club.
>
> Ayer **5 (ir)** .... a un partido estupendo en Manchester y **6 (hablar)** .... con los directores del club inglés. **7 (Comer)** .... muy bien y lo pasé fenomenal. Después **8 (dormir)** .... un poco en el avión al volver a casa.

Gramática

Regular verbs	Present	Preterite	Irregular verbs	Present	Preterite
-ar verbs (*trabajar*)	trabajo	trabajé	ir	voy	fui
-er verbs (*comer*)	como	comí	hacer	hago	hice
-ir verbs (*escribir*)	escribo	escribí			

1 Record your levels for Module 2.
2 Look at the level descriptors on pages 62–63 and set your targets for Module 3.
3 Fill in what you need to do to achieve these targets.

Listening	I have reached Level _____ in **Listening**. In Module 3, I want to reach Level _____. I need to _____ _____ _____ _____
Speaking	I have reached Level _____ in **Speaking**. In Module 3, I want to reach Level _____. I need to _____ _____ _____ _____
Reading	I have reached Level _____ in **Reading**. In Module 3, I want to reach Level _____. I need to _____ _____ _____ _____
Writing	I have reached Level _____ in **Writing**. In Module 3, I want to reach Level _____. I need to _____ _____ _____ _____

¡Viva! 3 © Pearson Education Limited 2015

¿En qué trabajas? What's your job?

Soy...	I am...	jardinero/a	a gardener
camarero/a	a waiter	limpiador(a)	a cleaner
cocinero/a	a cook	peluquero/a	a hairdresser
dependiente/a	a shop assistant	recepcionista	a receptionist

¿Qué tienes que hacer? What do you have to do?

Tengo que...	I have to...	limpiar habitaciones	clean rooms
ayudar a los clientes	help customers	preparar comida	prepare food
cortar el pelo a los clientes	cut customers' hair	servir en el restaurante	serve in the restaurant
hablar por teléfono	speak on the phone	vender productos en la tienda	sell products in the shop

Opiniones Opinions

¿Te gusta tu trabajo?	Do you like your job?	monótono	monotonous
(No) Me gusta (nada) mi trabajo porque es...	I (don't) like my job (at all) because it is...	repetitivo	repetitive
		Mi jefe/a es severo/a.	My boss is strict.
creativo	creative	Los clientes (no) son simpáticos.	The customers are (not) nice.
estresante	stressful		
fácil	easy	Los clientes son horrorosos.	The customers are awful.
interesante	interesting		

¿Qué te gustaría hacer? What would you like to do?

Me gustaría...	I would like...	Por eso me gustaría ser...	Therefore I would like to be...
No me gustaría (nada)...	I wouldn't like... (at all)	cantante	a singer
trabajar al aire libre	to work in the open air	diseñador(a)	a designer
trabajar con animales	to work with animals	enfermero/a	a nurse
trabajar con niños	to work with children	mecánico/a	a mechanic
trabajar en equipo	to work in a team	periodista	a journalist
trabajar en una oficina	to work in an office	policía	a police officer
trabajar solo/a	to work alone	profesor(a)	a teacher
hacer un trabajo creativo	to do a creative job	veterinario/a	a vet
hacer un trabajo manual	to do a manual job		

¿Qué tipo de persona eres? What type of person are you?

En mi opinión, soy...	In my opinion, I am...	organizado/a	organised
Creo que soy...	I believe I am...	paciente	patient
muy / bastante...	very / quite...	práctico/a	practical
ambicioso/a	ambitious	responsable	responsible
hablador(a)	talkative	sociable	sociable
independiente	independent	trabajador(a)	hard-working
inteligente	intelligent		

¿Qué tal ayer en el trabajo? — How did you get on at work yesterday?

Por la mañana...	In the morning...	escribí SMS a mis amigos	I wrote text messages to my friends
Por la tarde...	In the afternoon...	hablé por Skype™	I talked on Skype™
A la hora de comer...	At lunchtime...	jugué a un videojuego	I played a video game
Bebí una botella de cola	I drank a bottle of cola	llegué tarde al trabajo	I arrived late for work
Comí una hamburguesa	I ate a hamburger	perdí mi trabajo	I lost my job
Dormí un poco	I slept for a bit		
Escuché música	I listened to music		

¿Cómo es un día típico? — What is a typical day like?

Escribo correos (electrónicos).	I write emails.	Los idiomas son importantes.	Languages are important.
Hago reservas.	I make reservations.	¿Te gusta tu trabajo?	Do you like your job?
Hago entrevistas.	I do interviews.	Me encanta mi trabajo porque...	I love my job because...
Organizo excursiones.	I organise excursions.	es muy práctico	it's very practical
Preparo el programa.	I prepare the programme.	es muy variado	it's very varied
Salgo con los grupos.	I go out with the groups.	Ayer...	Yesterday...
Trabajo con mi equipo.	I work with my team.	conocí a...	I met...
Viajo mucho.	I travel a lot.	fui a...	I went to...
Voy a la oficina.	I go to the office.	hablé con...	I spoke to...
¿Qué idiomas hablas?	What languages do you speak?	organicé una visita para...	I organised a visit for...
Hablo español, inglés y alemán.	I speak Spanish, English and German.	preparé un programa especial	I prepared a special programme
		viajé en helicóptero	I travelled by helicopter

Palabras muy frecuentes — High-frequency words

Creo que...	I think / believe that...	un poco	a bit
mi/mis	my	¿qué?	what?
tu/tus	your	¿por qué?	why?
bastante	quite	porque	because
muy	very	por eso	so / therefore

¿Llevas una dieta sana? (pages 52-53)

1 Look at the food and drink pictures and find the Spanish words for them in the wordsearch. Write the words below the pictures.

G	V	Y	J	P	A	S	T	E	L	E	S
A	E	B	J	P	A	E	T	F	Q	N	H
L	R	G	H	E	L	J	T	S	É	M	F
L	D	A	O	S	L	E	C	H	E	F	R
E	U	C	H	C	B	N	U	B	S	P	U
T	R	A	A	A	H	P	A	S	T	A	T
A	A	F	Y	D	I	A	K	V	G	X	A
S	S	É	B	O	W	N	O	C	J	J	O
M	C	A	R	A	M	E	L	O S	J	V

1   2

………………………   ………………………

3   4

………………………   ………………………

5   6

………………………   ………………………

7   8   9   10

……………… ……………… ……………… ………………

2 Complete the sentences with the words in the box.

1 Como pasteles ………………… veces porque son deliciosos.
2 ………………… como carne porque, en mi opinión, es asquerosa.
3 Como verduras ………………… los días porque soy vegetariano.
4 No como ………………… por la mañana, pero bebo leche a menudo.
5 Como galletas tres ………………… a la semana porque son ricas.

> nunca
> veces
> nada
> a
> todos

3 On a separate piece of paper, write sentences for the foods mentioned in Exercise 1, saying how often you eat them or not and why. Use the Gramática box and the prompts below to help you.

- (No/Nunca) Como/Bebo…,
- … porque, en mi opinión, es/son…
- … pero bebo/como…
- … porque soy vegetariano/a.

Gramática

Remember that adjectives have to agree with the noun they are describing, e.g.:

el pescado **es** rico   **la** carne **es** rica   **los** pasteles **son** ricos   **las** galletas **son** ricas

Don't forget to use **es** for singular items of food and **son** for plural items.

¡Preparados, listos, ya! (pages 54–55)

1 Unscramble the letters of the sport words and write them next to the correct picture.

> omaltsite　　lobtfú　　brygu　　aocsoblnet　　ónnaaitc
> laeib　　asnigmai　　nstie　　staer lsmriacae　　tlpaoe avsac

Juego ...

1 al ....
2 al ....
3 al ....
4 al ....
5 a la ....

Hago ...

6 ....
7 ....
8 ....
9 ....
10 ....

2 Read Sara's blog and decide whether the sentences are true (T) or false (F).

> Los fines de semana juego al tenis, pero a veces prefiero jugar al baloncesto. Sin embargo, prefiero los deportes individuales. A veces hago natación, pero no hago atletismo. Los lunes y jueves hago gimnasia. También hago baile dos veces a la semana. Me encanta el deporte. **Sara**

1 Sara sometimes plays basketball at weekends. ....
2 She prefers team sports. ....
3 She does athletics sometimes. ....
4 On Mondays and Thursdays she does gymnastics. ....
5 She does dance once a week. ....
6 Sara loves sport. ....

3 Translate the sentences into Spanish. Use the phrases in Exercise 2 to help you.

1 At weekends I play football. ....
2 I prefer tennis. ....
3 I also play basketball once a week. ....
4 I sometimes do gymnastics. ....
5 On Fridays I do athletics. ....
6 But I prefer to go swimming. ....

¡Viva! 3 © Pearson Education Limited 2015

¿Cuál es tu rutina diaria? (pages 56-57)

1 Read about Jorge's daily routine and number the pictures in the order that they are mentioned.

Soy fanático del deporte.
1 Normalmente me levanto a las siete menos cuarto, pero me despierto a las seis y media.
2 Primero voy a la piscina muy temprano y nado hasta las ocho.
3 Me ducho y me visto enseguida.
4 Si tengo tiempo, desayuno cereales y fruta, y luego voy al trabajo.
5 Por la tarde hago atletismo hasta las siete y después ceno a las nueve.
6 Me lavo los dientes y finalmente me acuesto a las diez y cuarto.

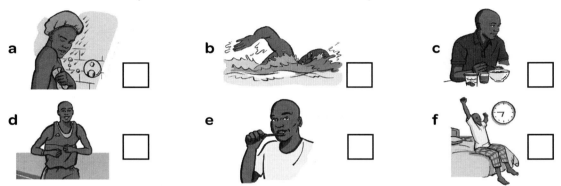

2 Read the text in Exercise 1 again and find the Spanish for the English words.

1 normally ....
2 early ....
3 until ....
4 first ....
5 then ....
6 in the afternoon ....
7 afterwards ....
8 finally ....

3 On a separate piece of paper, write a description of your daily routine using the prompts below, and the words and phrases in Exercises 1 and 2.

¡Viva! 3 © Pearson Education Limited 2015

4. ¡Me duele todo! (pages 58–59)

1 What's wrong with these people? Write a sentence starting with *Me duele* or *Me duelen* for each picture using the spider chart. Be careful – there are four words for parts of the body that you won't need.

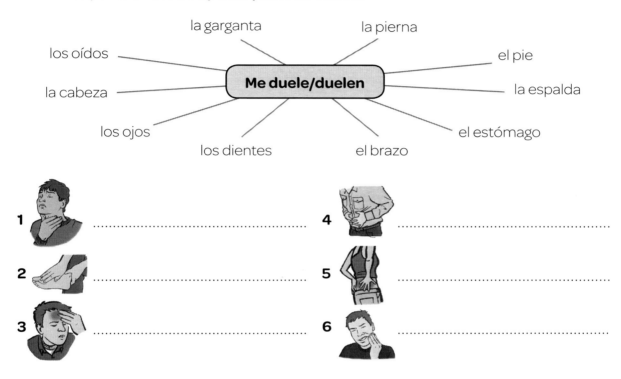

1 ....
2 ....
3 ....
4 ....
5 ....
6 ....

2 Complete the sentences with the words in the box.

Esta tarde no voy al cine porque estoy **1** ....
Soy peluquera y hoy trabajé muchas horas. Ahora me
2 .... la cabeza y me **3** .... los pies.

4 .... enfermo y por eso no voy al insti. Ayer jugué al fútbol toda la tarde. **5** .... tengo **6** .... y tengo tos. ¡Estoy fatal!

> catarro
> hoy
> duele
> cansada
> duelen
> estoy

3 Write a note describing what's wrong with you and why. Use the phrases in Exercises 1 and 2 to help you.

Hoy no voy al insti...
....
....

¡Muévete! (pages 60–61)

1 Using the table, translate the sentences into Spanish.

Se debe	beber agua frecuentemente. comer más fruta y verduras. entrenar una hora al día. dormir ocho horas al día.
No se debe	beber alcohol. beber muchos refrescos. comer comida basura. fumar.

1 You should sleep eight hours a day. ....
2 You shouldn't drink a lot of fizzy drinks. ....
3 You should eat more fruit and vegetables. ....
4 You shouldn't drink alcohol. ....
5 You should drink water frequently. ....
6 You shouldn't smoke. ....
7 You should train for an hour a day. ....
8 You shouldn't eat junk food. ....

2 Read the text about Carolina and then complete the sentences about her in English.

Tengo que estar en forma para jugar en mi equipo de voleibol, pero no llevo una dieta muy sana. No se debe comer comida basura. Bebo mucha cola, pero voy a beber al menos dos litros de agua al día. No me acuesto temprano porque soy adicta a los videojuegos y por eso, no tengo energía para entrenar. Voy a dormir al menos siete horas al día. Esto es importante.

1 Carolina has to .... to play for her volleyball team.
2 She should not eat ....
3 She is going to drink at least .... a day.
4 She doesn't go to bed early because she is addicted to ....
5 She doesn't have the energy to ....
6 She is going to sleep at least ....

Me tomas el pelo (pages 64–65)

1 Read the texts and match them to the pictures.

1 **Se debe comer comida sana, especialmente fruta y verduras.**
Está bien comer pasteles y helados a veces, pero se debe comer una gran variedad de alimentos para incluir las vitaminas necesarias. Puedes poner fruta en tus cereales en el desayuno.

2 **Se debe limitar el tiempo delante de la pantalla.**
No se debe pasar mucho tiempo enfrente del televisor, la consola o el ordenador. Está bien hacer tus deberes en el ordenador, pero es importante dedicar más tiempo a ser activo.

3 **Es necesario ser activo.**
Debes hacer actividades físicas divertidas. Puedes ir a los clubes de deportes en tu instituto o ir al polideportivo con tus amigos.

4 **Se debe evitar el estrés y no se debe beber café para dormir bien.**
Dormir es importante para tu metabolismo. Es necesario dormir al menos de siete a ocho horas al día. Por eso se debe intentar la relajación, no se debe ver la tele antes de acostarse y no se debe beber mucha cafeína.

SKILLS: When looking at a more tricky text read it through quickly to get the general idea. Then read it again in more detail and try to work out unfamiliar words using logic and common sense.

a  b  c  d

2 Write the Spanish phrases in the text in Exercise 1 for the English expressions below.

1 you can put fruit on your cereal ....
2 it's important to spend more time being active ....
3 you can go to sports clubs ....
4 you should avoid stress ....

3 Read the texts again. Number the sentences in the order they are mentioned in the text.

a You should do sports that you enjoy. ....
b It's not a good idea to watch television before bedtime. ....
c It's fine to eat sweet things occasionally. ....
d You shouldn't spend too much time in front of a screen. ....

1 Unjumble the sentences and write them out in the correct order.

1 vida sana. una Llevo bastante
2 carne semana. Como la vez una a
3 todos días. Juego fútbol los al
4 fui club al Ayer judo. de
5 y Me cuarto. siete despierto las a
6 Me tos. duele y cabeza tengo la

2 Match the unhealthy living problems with the advice by writing a letter (a–f) in the spaces provided.

1 No llevo una dieta sana. ....
2 Prefiero beber cola o limonada. ....
3 No juego al fútbol ni hago deporte. ....
4 Estoy cansada porque me acuesto a las dos. ....
5 Sólo bebo café o té. ....
6 Como hamburguesas, pizzas y patatas fritas todos los días. ....

a Se debe entrenar una hora al día.
b Se debe dormir ocho horas al día.
c Se debe comer fruta y verduras.
d No se debe beber refrescos.
e No se debe comer comida basura.
f Se debe beber agua frecuentemente.

3 Circle the correct word to complete the sentences.

1 Todos los días **me/se** levanto a las siete.
2 Para estar en forma, **hago/juego** al tenis.
3 Como pescado una **vez/veces** a la semana.
4 Mi hermana **prefiero/prefiere** la fruta.
5 Me **acuesto/acuestas** a las diez.
6 Me **duele/duelen** los pies.
7 David no **entreno/entrena** casi nunca.

¡REPASO 2!

1 Read the sentences about healthy resolutions. Then circle the verbs in the present tense and underline the verbs in the near future.

1 Como mucha comida basura. Voy a comer fruta y verduras y no voy a desayunar galletas.
2 Me gustan las bebidas dulces. Voy a beber al menos dos litros de agua al día.
3 Voy a acostarme temprano. Soy adicto a los videojuegos y siempre estoy cansado.
4 Una vez a la semana voy a hacer atletismo. Por lo general prefiero dormir.
5 Todos los días me levanto a las ocho. Mañana voy a levantarme a las siete y media.
6 Voy a lavarme los dientes. Cuando hago mis deberes, siempre como muchos caramelos.

2 Translate the sentences into English.

1 No voy a desayunar galletas. ....
....
2 Voy a beber al menos dos litros de agua al día. ....
....
3 Soy adicto a los videojuegos y siempre estoy cansado. ....
....
4 Una vez a la semana voy a hacer atletismo. ....
....
5 Mañana voy a levantarme a las siete y media. ....
....
6 Cuando hago mis deberes, siempre como muchos caramelos. ....
....

3 On a separate piece of paper, write sentences for Sebastián and Luisa in the present and the near future. Use phrases from Exercises 1 and 2 to help you.

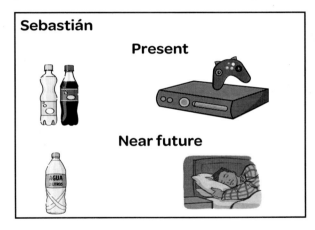
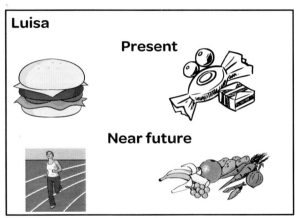

¡GRAMÁTICA!

(pages 68–69)

1 Number these actions in the order you do them in the day (several orders are possible). Circle the verbs that are reflexive.

a desayuno ....
b me acuesto ....
c me levanto ....
d voy al instituto ....
e me visto ....
f me despierto ....
g me lavo los dientes ....
h me ducho ....
i ceno ....
j hago mis deberes ....

> **Gramática**
>
> A reflexive verb is made up of two parts:
>
> The reflexive pronoun (**me, te, se**) and the verb.
>
> lavar**se** = to get washed
> **me** lav**o** = I get washed
> **te** lav**as** = you get washed
> **se** lav**a** = he/she gets washed

2 Write in the missing reflexive pronouns (*me, te* or *se*) before each verb. Then translate the verb phrases into English.

1 .... acuesto ....
2 .... duchas ....
3 .... lava ....
4 .... levantas ....
5 .... despierto ....
6 .... viste ....

3 Make five correct sentences by using something from each box.

Me llamo Ana y	están	muy cansadas.
Carlos y su hermano	estamos	locos.
Mi amiga y yo	estoy	fatal.
Jorge, tú	está	enferma.
Sara	estás	cansado.

> **Gramática**
>
> When the verb **estar** is followed by an adjective, the adjective ending must agree with the subject.
>
> **Juan está cansado.**
> = Juan is tired.
> **Mis padres están enfermos.**
> = My parents are ill.

1 ....
2 ....
3 ....
4 ....
5 ....

1. Record your levels for Module 3.
2. Look at the level descriptors on pages 62–63 and set your targets for Module 4.
3. Fill in what you need to do to achieve these targets.

Listening	I have reached Level _____ in **Listening**. In Module 4, I want to reach Level _____. I need to _____ _____ _____ _____
Speaking	I have reached Level _____ in **Speaking**. In Module 4, I want to reach Level _____. I need to _____ _____ _____ _____
Reading	I have reached Level _____ in **Reading**. In Module 4, I want to reach Level _____. I need to _____ _____ _____ _____
Writing	I have reached Level _____ in **Writing**. In Module 4, I want to reach Level _____. I need to _____ _____ _____ _____

¡Viva! 3 © Pearson Education Limited 2015

¿Llevas una dieta sana? — Do you have a healthy diet?

Llevo una dieta (bastante) sana.	I have (quite) a healthy diet.	**¿Qué bebes?**	What do you drink?
¿Qué comes?	What do you eat?	**Bebo...**	I drink...
Como...	I eat...	**agua**	water
caramelos	sweets	**café**	coffee
fruta	fruit	**leche**	milk
galletas	biscuits	**todos los días**	every day
pan	bread	**a menudo**	often
pescado	fish	**a veces**	sometimes
pasta	pasta	**tres veces al día**	three times a day
pasteles	cakes	**una vez a la semana**	once a week
verduras	vegetables	**Nunca como pescado.**	I never eat fish.
		No bebo nada.	I don't drink anything.

¿Por qué (no) comes...? — Why do you (not) eat...?

Es sano / sana.	It's healthy.	**Soy vegetariano / vegetariana.**	I am a vegetarian.
Son sanos / sanas.	They are healthy.		
Es rico / rica.	It's delicious.	**Soy alérgico / alérgica.**	I am allergic.
Es asqueroso / asquerosa.	It's disgusting.	**Soy musulmán / musulmana.**	I am a Muslim.

¿Qué haces para estar en forma? — What do you do to keep fit?

Juego al baloncesto.	I play basketball.	**Hago baile.**	I do dance.
Juego al fútbol.	I play football.	**Hago footing.**	I go jogging.
Juego a la pelota vasca.	I play pelota (Basque ball game).	**Hago gimnasia.**	I do gymnastics.
		Hago natación.	I go swimming.
Juego al rugby.	I play rugby.	**Juego al rugby los martes.**	I play rugby on Tuesdays.
Juego al tenis.	I play tennis.	**Hago gimnasia dos veces a la semana.**	I do gymnastics twice a week.
Hago artes marciales.	I do martial arts.		
Hago atletismo.	I do athletics.		

¿Qué deporte prefieres? — Which sport do you prefer?

Prefiero jugar al baloncesto.	I prefer to play basketball.	**Prefiero los deportes de equipo.**	I prefer team sports.
Prefiero hacer baile.	I prefer to do dance.	**Prefiero los deportes individuales.**	I prefer individual sports.
Prefiero hacer natación.	I prefer to go swimming.	**Es mi deporte favorito.**	It is my favourite sport.

Describe tu rutina diaria — Describe your daily routine

Me despierto.	I wake up.	**Voy a la piscina.**	I go to the swimming pool.
Me levanto (enseguida).	I get up (straight away).	**Voy al trabajo.**	I go to work.
Me lavo los dientes.	I brush my teeth.	**Voy al gimnasio.**	I go to the gym.
Me ducho.	I shower.	**Entreno.**	I exercise / train.
Me visto.	I get dressed.	**a las seis**	at six o'clock
Me acuesto.	I go to bed.	**a las siete y cuarto**	at quarter past seven
Desayuno.	I have breakfast.	**a las nueve y media**	at half past nine
Ceno.	I have dinner.	**a las diez menos cuarto**	at quarter to ten

¿Qué te duele? — What hurts (you)?

Me duele el brazo.	My arm hurts.	Me duele la garganta.	My throat hurts.
Me duele el estómago.	My stomach hurts.	Me duele la pierna.	My leg hurts.
Me duele el pie.	My foot hurts.	Me duelen los dientes.	My teeth hurt.
Me duele la cabeza.	My head hurts.	Me duelen los oídos.	My ears hurt.
Me duele la espalda.	My back hurts.	Me duelen los ojos.	My eyes hurt.

¿Qué tal estás? — How are you?

Estoy cansado / cansada.	I am tired.	Tengo catarro.	I have a cold.
Estoy enfermo / enferma.	I am ill.	Tengo tos.	I have a cough.

Consejos para estar en forma — Advice for keeping fit / in shape

Para estar en forma...	To keep fit / in shape...	beber alcohol	drink alcohol
Se debe...	You/One must / should...	beber muchos refrescos	drink lots of fizzy drinks
beber agua frecuentemente	drink water frequently	comer comida basura	eat junk food
		fumar	smoke
comer más fruta y verduras	eat more fruit and vegetables	Soy adicto / adicta al / a la / a los / a las...	I am addicted to...
dormir ocho horas al día	sleep for eight hours a day	Voy a entrenar tres veces a la semana.	I am going to exercise three times a week.
entrenar una hora al día	exercise for one hour a day		
No se debe...	You/One must not / should not...	No voy a beber muchos refrescos.	I am not going to drink lots of fizzy drinks.

Palabras muy frecuentes — High-frequency words

casi	almost / nearly	hasta	until
cada	each / every	ahora	now
todo / toda / todos / todas	all	hoy	today
mucho / mucha / muchos / muchas	a lot (of)	ayer	yesterday
		anoche	last night
primero	first	para	(in order) to
luego	then	creo que	I think / believe that
después	afterwards	por eso	so / therefore
finalmente	finally	sin embargo	however
por lo general	in general	donde	where

Niños del mundo (pages 76-77)

1 Match the sentences to the pictures.

a  b  c

d  e f

1 Alicia Vidal es española y vive en Valencia.
2 Vive en un apartamento cerca de la playa.
3 Por la mañana va al instituto en autobús.
4 Los lunes y los miércoles tiene clases de inglés por la tarde.
5 Los martes hace gimnasia en el polideportivo.
6 Los sábados por la tarde sale con sus amigas.

2 Write the Spanish in Exercise 1 for each of the following English phrases.

1 she is Spanish ....
2 she lives in an apartment ....
3 she goes to school by bus ....
4 she does gymnastics at the sports centre ....
5 on Mondays and Wednesdays ....
6 she has English lessons ....
7 on Saturday evenings ....
8 she goes out with her friends ....

3 You have a Spanish exchange student staying with your family. Here are your notes for introducing him to your class. Write your presentation in Spanish.

- Diego Fernández, Spanish
- from Barcelona
- lives in an apartment
- goes to school by bus
- has English lessons on Wednesday evenings
- goes out with friends on Saturday evenings

Diego Fernández es español.

¡2! Mis derechos (pages 78–79)

1 Unjumble the sentences. Then match them to the English translations.

1. al juego. derecho Tengo — Tengo derecho al juego. — b
2. derecho Tengo educación. a la — Tengo derecho a la educación. — c
3. a la protección. Tengo derecho — Tengo derecho a la protección. — f
4. ambiente derecho medio Tengo a un sano. — Tengo derecho a un ambiente sano. — e
5. libertad de expresión. a la derecho Tengo — Tengo derecho a la libertad de expresión. — d
6. Tengo amor derecho al y a la familia. — Tengo derecho al amor y a la familia. — a

a I have the right to love and to family.
b I have the right to play.
c I have the right to an education.
d I have the right to freedom of expression.
e I have the right to a healthy environment.
f I have the right to protection.

2 Read the messages on the forum page. Match each one to the correct topic.

a Tengo derecho a la educación, pero tengo que trabajar para ayudar a mi familia y no puedo ir al instituto. **Vicente**

b Tengo que ayudar a mis padres. Es injusto porque tenemos derecho al juego, pero no tengo tiempo libre. **Luisa**

c Aquí en España tenemos derecho a la libertad de expresión. Pero en muchos países no puedes dar tu opinión. **Sergio**

d Vivimos en México. Tenemos derecho a la protección, pero es muy peligroso para las chicas. **Natalia y Gloria**

e Soy de Lima, la capital de Perú. Hay mucho tráfico y el aire está muy contaminado. Tenemos derecho a un ambiente sano. **Julio**

1 the environment — e
2 violence and crime — d
3 education — a
4 freedom of expression — c
5 free time — b

3 Read the texts in Exercise 2 again and write the correct name or names at the start of each sentence.

1. Sergio puede dar su opinión.
2. Julio no puede respirar aire limpio.
3. Vincente no puede estudiar.
4. Luisa no pueden salir a la calle.
5. Natalia y Gloria no puede jugar.

¿Cómo vas al insti? (pages 80-81)

1 Look at the modes of transport pictures and find the Spanish words for them in the wordsearch. Write the words below the pictures.

A	U	D	Q	W	W	N	H
U	P	I	O	B	I	C	I
T	Q	T	S	K	O	W	V
O	C	A	B	A	L	L	O
B	A	R	C	O	M	J	R
Ú	P	K	M	E	T	R	O
S	I	J	O	W	P	O	O
R	E	X	T	R	E	N	B

1 a .... 2 en ....
3 en .... 4 a ....
5 en .... 6 en .... 7 en ....

2 Complete each sentence with a type of transport from Exercise 1. Remember to use *a* or *en*.

1 Voy al instituto .... porque es muy verde y porque me gusta el ciclismo.
2 Voy al instituto .... porque está a cinco minutos de mi casa.
3 Vivo en el centro de la ciudad. Voy al instituto .... porque hay mucho tráfico y es más rápido que el autobús.
4 No me gusta ir .... porque no me gustan los animales.
5 Voy de vacaciones a París con mi familia. Voy a ir .... porque es más rápido que ir en autobús y en barco.

3 Translate the sentences in Exercise 2 into English.

1 ....
....
2 ....
3 ....
....
4 ....
5 ....
....

¡Un mundo mejor! (pages 82–83)

1 Draw a line to match each Spanish sentence to its English translation.

1 Conservamos energía.
2 Malgastamos agua.
3 No apagamos la luz.
4 No vamos a pie o en bici.
5 Reciclamos papel, vidrio y botellas de plástico.
6 Vamos siempre en coche.

a We waste water.
b We always go by car.
c We don't switch off the light.
d We recycle paper, glass and plastic bottles.
e We don't walk or go by bike.
f We save energy.

2 Translate the sentences into Spanish to complete the poster. Use or adapt the sentences in Exercise 1 to help you.

1 We go to school by bike or on foot.
2 We always switch the light off.
3 We don't waste water.
4 We recycle plastic bottles, paper and glass.
5 We save energy.

Somos un insti verde
1 ....
2 ....
3 ....
4 ....
5 ....

3 Read the text about a Spanish secondary school and note whether the sentences that follow are true (T) or false (F).

¿Qué hacemos en nuestro instituto para hacer un mundo mejor? Pues muchos vamos al insti en bici o a pie porque vivimos bastante cerca. En el insti tenemos un jardín donde plantamos flores. Reciclamos muchas cosas, pero ahora también vamos a organizar un proyecto para conservar energía. Vamos a apagar las luces cuando salimos de las aulas.

1 Only a few students walk to school or go by bike. ....
2 At school they have a garden where they plant flowers. ....
3 They already recycle a lot of items. ....
4 They are going to organise a project for saving water. ....
5 They plan to save energy by switching lights off when they leave classrooms. ....

¡Viva! 3 © Pearson Education Limited 2015

¡SKILLS! Recaudamos dinero (pages 84–85)

1 Read Jorge's email to Emma. Then write the Spanish for the words and phrases below.

> Hola Emma:
> Gracias por tu correo. ¡Qué bien que vas a correr cinco kilómetros! ¿Tienes que dedicar mucho tiempo a entrenar? ¡También en el insti vas a participar en un paseo en bici apadrinado y en un lavado de coches! Creo que una venta de pasteles es una idea excelente porque después de correr, hacer ciclismo y lavar coches, ¡tienes que comer!
> Mucha suerte con todas tus actividades para recaudar fondos.
> Un abrazo, Jorge

1 a sponsored bike ride
2 a car wash
3 a cake sale
4 fund-raising activities

SKILLS
- When you look for a Spanish word in a dictionary, look at all the translations and any examples to try to find the right word. For example, if you look up the verb 'sponsor', as in 'to sponsor a child in Africa', you'll find the verbs **patrocinar** and **apadrinar**.
- If you're not sure which one is the meaning you want, look these verbs up in the Spanish to English section.
- If you're still not certain, type a sentence containing the word into Google, e.g. **patrocinar/apadrinar un niño en Africa**. The articles that come up will show which verb is correct in this context.

2 On a separate piece of paper, translate the sentences into Spanish. Use the words below and in Exercise 1 to help you.

1 At school we are going to sponsor a child in Africa.
2 First we have to organise fund-raising activities.
3 We're going to take part in a sponsored bike ride.
4 We're going to play a game of football with the teachers.
5 We're going to have a cake sale too.

Verb expressions followed by infinitives
tenemos que
vamos a

Infinitives
apadrinar
jugar
organizar
participar
hacer

Other useful words
primero
también
un partido

1 Read the poster. Then use the tips in the box to help you choose the correct meaning for the underlined expressions in questions 1–6.

> APÚNTATE A
> LA ASOCIACIÓN DE JÓVENES SOLIDARIOS
>
> Y participa en las actividades:
> - **Recaudar fondos para familias en paro**
>   Vas a organizar un torneo de fútbol.
> - **El proyecto e-abuelos**
>   Das clases de informática a un grupo de ancianos de tu comunidad. Ayudas a las personas mayores a usar Internet, el correo electrónico y a hablar por Skype.
> - **Taller de música**
>   Participas en una tarde de música y baile para los jóvenes y para toda la comunidad. Vas a aprender bailes regionales y bailes más modernos. ¡Vas a pasarlo bomba!
> - **Reciclar es crear**
>   Aprendes a hacer muebles con madera reciclada y elaboras un mural para tu barrio con el título: 'El medio ambiente eres tú, cuídalo'.

> To help you when you read, remember to:
> - Look for words you know already.
> - Look for words that are similar in Spanish and English (cognates).
> - Use your knowledge to make deductions about the most likely meaning of the words.

1 Recaudar fondos para familias <u>en paro</u>
   a out of work ☐
   b in hospital ☐
   c in other countries ☐

2 Vas a organizar <u>un torneo de fútbol</u>
   a a raffle for a football ☐
   b a football tournament ☐
   c a football match ☐

3 Das <u>clases de informática</u> a un grupo de <u>ancianos de tu comunidad</u>
   a lessons to raise awareness about elderly people in the community ☐
   b information about elderly people in the community ☐
   c IT lessons for elderly people in the community ☐

4 <u>Taller</u> de música
   a workshop ☐
   b radio programme ☐
   c party ☐

5 <u>hacer muebles con madera reciclada</u>
   a collect wood and make a campfire ☐
   b make furniture from recycled wood ☐
   c restore furniture ☐

6 <u>elaboras un mural para tu barrio</u>
   a you make a mural for your neighbourhood ☐
   b you build a wall in your neighbourhood ☐
   c you hold an art competition ☐

2 On a separate piece of paper, write a list in English of the four activities mentioned on the poster in Exercise 1 and explain what each one involves.

1 Raise money for... - organise a...

¡REPASO 1!

1 Read the information about Carlos Sánchez. Then answer the questions in Spanish.

Nombre: Carlos Sánchez ('La Roca', porque en un partido de fútbol es difícil pasarle)
Fecha de nacimiento: 6 de febrero de 1986
Profesión: futbolista
Nacionalidad: colombiana
País: Colombia (pero ahora vive en Inglaterra)
Idiomas: español, inglés, francés

Remember to use the third person verb endings. (They're in the questions.)

1 ¿Cómo se llama? Se llama Carlos Sánchez.
2 ¿Cuál es su nacionalidad? ....
3 ¿Cuántos años tiene? ....
4 ¿En qué trabaja? ....
5 ¿De dónde es? ¿Dónde vive? ....
6 ¿Cuántos idiomas habla? ....
7 ¿Por qué se llama 'La Roca'? ....

2 Read the sentences. Which ones express environmentally friendly actions? Write them under the correct headings.

- No malgastamos agua.
- No apagamos la luz.
- Conservamos energía.
- Vamos siempre en coche.
- Vamos a pie o en bici.
- Reducimos el consumo eléctrico.
- No reciclamos botellas de plástico.
- No reciclamos papel y vidrio.

Somos verdes	No somos verdes

1 Read the texts. Then complete the sentences below with *puede/no puede* or *pueden/no pueden*.

> Quiero ser verde, pero es imposible ir al insti a pie porque vivo bastante lejos. Por eso tengo que ir en coche o en autobús. Pero mi pueblo es muy tranquilo y vivo en un medio ambiente muy sano. **Rafaela**
>
> Vivo en Ciudad de México. Para ir a clase tengo que ir en autobús. Hay mucho tráfico en la ciudad y es peligroso ir en bici o a pie. Además, hay bastante contaminación y es difícil respirar. **Pablo**
>
> Me gustaría participar en actividades después de clase, por ejemplo, en clases de música y baile. Pero mis padres son muy estrictos. Mi hermana y yo tenemos que ir a casa a hacer los deberes. Mi hermano, Mateo, puede salir con sus amigos. No es justo. **Sara**

1 Rafaela y Pablo .... ir al insti a pie.
2 Rafaela .... respirar aire limpio.
3 Pablo .... ir al insti en bici.
4 Sara y su hermana .... ir a clases de música y baile después de clase.
5 Mateo .... salir con sus amigos después de clase.

2 You want to improve your school. Write about what you do already and what you plan to do in the future. Use the notes to help you. Add some of your own ideas if you'd like to.

Siempre	Planes para el futuro
• reciclar (botellas de plástico, etc.) • conservar energía • no malgastar agua	• recaudar fondos • hacer una venta de pasteles • participar en un paseo en bici apadrinado • organizar un concierto • plantar árboles y flores

En mi insti reciclamos...

Para mejorar el insti, vamos a...

¡GRAMÁTICA! (pages 90-91)

1 Complete the sentences with the third person singular (he/she) form of the verbs in the box.

> comer   hacer   ser   tener   trabajar   vivir   ir

1. Mi abuelo .... mexicano, pero ahora .... en España.
2. Es médico y .... en una clínica en Barcelona.
3. Vive en un pueblo de la costa y todos los días .... al trabajo en tren y en metro.
4. .... 62 años, pero por la mañana corre cinco kilómetros y .... gimnasia.
5. Para cenar, siempre .... ensalada.

2 Complete the forms of the verb *poder*. Then use the correct form of the verb to translate the words in brackets.

pued _	I can	p _ demos	we can
pued _ s	you can	podé _ s	you can
pued _	he/she can	p _ eden	they can

1. (*We can*) .... dar nuestra opinión en clase.
2. (*I can*) .... ir al insti en bici o a pie.
3. ¿(*Can you*) .... jugar al baloncesto mañana?
4. Los jóvenes (*can't*) .... salir por la noche porque hay mucha violencia en su país.
5. (*I can't*) .... dormir porque mis hermanos tocan música durante la noche.
6. Tenéis mucha suerte porque (*you can*) .... participar en muchas actividades.

3 Unjumble the sentences.

> **Gramática**
> To make comparisons, use **más** + adjective + **que**, e.g.:
> Ir en coche es **más rápido que** ir a pie.

1. más barato es Ir metro en que taxi. en ir
   ....
2. a pie. bici en es más que ir rápido Ir
   ....
3. los deberes Hacer más es importante la tele. ver que
   ....
4. fútbol partido Un de golf. partido de un más es que interesante
   ....
5. prácticas los caballos. que Las bicicletas son más
   ....

Cuaderno Verde

1 Record your levels for Module 4.
2 Look at the level descriptors on pages 62–63 and set your targets for Module 5.
3 Fill in what you need to do to achieve these targets.

Listening	I have reached Level ____ in **Listening**. In Module 5, I want to reach Level ____. I need to _____ _____ _____ _____
Speaking	I have reached Level ____ in **Speaking**. In Module 5, I want to reach Level ____. I need to _____ _____ _____ _____
Reading	I have reached Level ____ in **Reading**. In Module 5, I want to reach Level ____. I need to _____ _____ _____ _____
Writing	I have reached Level ____ in **Writing**. In Module 5, I want to reach Level ____. I need to _____ _____ _____ _____

¡Viva! 3 © Pearson Education Limited 2015

Las nacionalidades — Nationalities

¿Cuál es su nacionalidad?	What is his/her nationality?	norteamericano/a	North American
Es...	He/She is...	peruano/a	Peruvian
argentino/a	Argentinian	inglés/inglesa	English
boliviano/a	Bolivian	español(a)	Spanish
colombiano/a	Colombian	pakistaní	Pakistani
mexicano/a	Mexican		

Sobre su vida — About his/her life

¿De dónde es?	Where is he/she from?	Organiza sus cosas.	He/She organises his/her things.
Es de...	He/She is from...		
¿Dónde vive?	Where does he/she live?	Va al insti.	He/She goes to school.
Vive en...	He/She lives in...	¿Qué hace durante el día?	What does he/she do during the day?
¿Con quién vive?	Who does he/she live with?		
Vive con sus padres.	He/She lives with his/her parents.	Ayuda a su madre.	He/She helps his/her mother.
¿Qué hace por la mañana?	What does he/she do in the morning?	Estudia.	He/She studies.
		Hace los deberes.	He/She does homework.
Desayuna.	He/She has breakfast.	Prepara la cena.	He/She prepares dinner.

Mis derechos — My rights

Tengo derecho...	I have the right...	salir a la calle	go out in the street
al amor y a la familia	to love and to family	vivir con mi familia	live with my family
al juego	to play	porque...	because...
a la educación	to an education	soy chico/a	I am a boy/girl
a la libertad de expresión	to freedom of expression	mi padre es muy estricto	my father is very strict
a la protección	to protection	tengo que ganar dinero	I have to earn money
a un medio ambiente sano	to a healthy environment	tengo que trabajar	I have to work
No puedo...	I cannot...	el aire está contaminado	the air is polluted
dar mi opinión	give my opinion	en mi país a veces hay violencia	in my country sometimes there is violence
ir al insti(tuto)	go to school		
jugar con mis amigos	play with my friends	¡No es justo!	It isn't fair!
respirar	breathe	Es inaceptable.	It is unacceptable.

¿Cómo vas al insti? — How do you get to school?

Voy a caballo.	I go on a horse.	Porque es...	Because it is...
Voy a pie.	I go on foot. / I walk.	más rápido que ir a pie	quicker than walking
Voy en autobús.	I go by bus.	más verde que ir en autobús	greener than going by bus
Voy en barco.	I go by boat.		
Voy en bici.	I go by bike.	más barato que ir en taxi	cheaper than going by taxi
Voy en coche.	I go by car.	más práctico que ir en coche	more practical than going by car
Voy en metro.	I go by underground.		
Voy en tren.	I go by train.	más seguro que nadar	safer than swimming
¿Por qué?	Why?	la única opción	the only option

Un mundo mejor — A better world

Para ser un instituto verde…	In order to be a green school…
apagamos la luz	we switch off the light
conservamos electricidad	we save electricity
no malgastamos agua	we don't waste water
plantamos árboles y flores	we plant trees and flowers
reciclamos botellas de plástico	we recycle plastic bottles
reciclamos papel y vidrio	we recycle paper and glass
reducimos el consumo eléctrico	we reduce our consumption of electricity
tenemos un jardín	we have a garden
vamos en bici	we go by bike
Para hacer un mundo mejor…	In order to create a better world…
vamos a escribir cartas para Amnistía Internacional	we are going to write letters for Amnesty International
vamos a organizar un evento	we are going to organise an event
vamos a recaudar fondos	we are going to raise funds
vamos a vender pasteles	we are going to sell cakes

Palabras muy frecuentes — High-frequency words

mi/mis	my
su/sus	his/her
más… (que)	more… (than)
para	in order to / for
para mí	for me
por ejemplo	for example
por eso	so / therefore
muy	very
hay	there is / there are
ahora	now
ya	already
en el futuro	in the future
el año pasado	last year

¡Mucho gusto! (pages 98–99)

1 Lucila is introducing her penfriend to her family. Use the phrases in the box to write what she says to introduce each of her family members.

Gramática

To say 'this' in Spanish use:
- **este** with masculine nouns
- **esta** with feminine nouns

Esta es mi hermana.
Esta es mi madre.
Este es mi perro.
Este es mi padre.

1 .... Mucho gusto.

2 .... Mucho gusto.

3 .... Mucho gusto.

4 .... Mucho gusto.

2 Fill in the missing words in Lucila and her penfriend Susana's conversation using the words in the box.

Lucila:	**1** .... es mi madre, y **2** .... es mi padre.
Susana:	Mucho gusto, soy Susana.
Lucila:	¿**3** .... hambre, Susana?
Susana:	Un poco. Y también **4** .... sed.
Lucila:	Cenamos enseguida. ¿**5** .... beber algo? ¿Té o café?
Susana:	Prefiero agua.
Lucila:	¿Tienes sueño o quieres ducharte?
Susana:	Quiero ducharme, pero primero **6** .... hablar por Skype™ con mis padres.

quiero
tengo
quieres
este
esta
tienes

3 Read the dialogue in Exercise 2 again and circle the correct option.

1 Susana meets her friend's **mother/parents**.
2 Susana **is/is not** hungry.
3 She would like to drink **tea/water**.
4 She wants to **go to bed/have a shower**.
5 She wants to talk to her parents **first/later**.

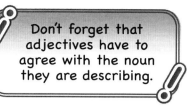

¡2! La caza del tesoro (pages 100–101)

1 Complete the sentences with the adjectives in the box to make superlative statements.

1 El monumento más .... de Sevilla.
2 Las tapas más .... de España.
3 La tienda más .... de la ciudad.
4 Los museos más .... del mundo.
5 Los churros más .... de Andalucía.
6 Los animales más .... del zoo.

> Don't forget that adjectives have to agree with the noun they are describing.

> feroces   ricas
> antiguo   interesantes
> famosa   ricos

2 Match the two halves of the sentences, then match the sentences to the pictures.

Una caza del tesoro en Sevilla

a Primero hay que ir a la Giralda porque hay que sacar
b Por la tarde hay que ir al parque de María Luisa porque tengo
c También hay que visitar la tienda de recuerdos porque tengo que
d Después hay que visitar el museo de baile flamenco porque
e Finalmente hay que probar

i hay que ver un espectáculo de flamenco. ....
ii comprar una postal. ....
iii fotos de la ciudad. ....
iv la comida más deliciosa de la región. ....
v que dibujar el león más feroz del parque. ....

1    2    3   4    5

3 Translate these sentences into Spanish. Use the sentences in Exercise 2 to help you.

1 You have to draw the most ferocious lion in the park. ....
....
2 You also have to visit the souvenir shop. ....
3 You have to watch a flamenco show. ....
4 You have to try the most delicious food. ....

¡Viva! 3 © Pearson Education Limited 2015

Mi día favorito (pages 102–103)

1 Find eight irregular verbs in the preterite in the wordsnake and write them next to the English translation.

fuimos hice vimos vi fui hicimos jugué saqué

1 I went ....
2 we went ....
3 I did/made ....
4 I saw ....
5 we saw ....
6 I played ....
7 I took ....
8 we did/made ....

2 Complete the sentences using the verbs from the wordsnake in Exercise 1.

1 Este fin de semana .... muchas cosas.
2 El sábado .... al parque con mis hermanos.
3 .... al tenis y al fútbol por la tarde. ¡Fue divertido!
4 Después mis amigos y yo .... al cine y .... una comedia.
5 El domingo visité el zoo, donde .... muchas fotos de los elefantes.
6 .... muchos animales diferentes. ¡Qué guay!

3 Translate these sentences into Spanish. Use the verbs in Exercise 1 and the sentences in Exercise 2 to help you.

1 I took lots of photos of the animals.
....

2 I went to the zoo with my brothers.
....

3 On Saturday we went to the park. It was fun!
....

4 I played tennis on Sunday.
....

5 I did a lot of things. How cool!
....

En la tienda de recuerdos (pages 104–105)

1 Complete the dialogue and the crossword using the words from the box.

- ¿Qué **2 →** .... usted?
- **2 ↓** .... comprar algo para mi hermano.
- La camiseta es bonita. ¿O **3 →** .... el llavero?
- ¿**9 →** .... es el turrón?
- **10 →** .... seis euros.
- Perfecto. Voy a comprar el turrón. También quiero **4 →** .... algo para mi madre.
- La figurita es **7 →** ...., pero la taza es útil.
- No me gustan, creo que son feas. **5 ↓** .... el collar. ¿Cuánto es?
- Son diez euros. ¿**8 ↓** .... más?
- Quiero comprar algo para mi hermana. El abanico o el imán... no sé.
- El **8 →** .... es muy típico.
- ¿Cuánto **6 ↓** ....?
- Son doce euros.
- Es demasiado **1 ↓** .... Voy a comprar el imán.

| cuánto | tal vez | algo | comprar | abanico | son |
| quiero | prefiero | es | caro | quiere | preciosa |

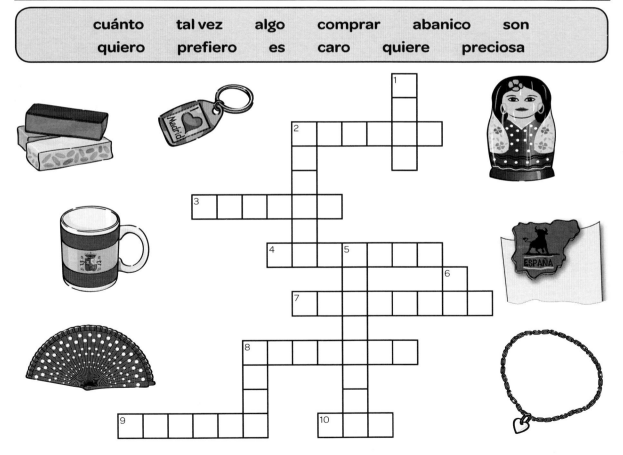

2 On a separate piece of paper, write your own dialogue about shopping for souvenirs using the phrases from the dialogue in Exercise 1.

¡Viva! 3 © Pearson Education Limited 2015

Mi último día en Madrid (pages 106–107)

1 Write a sentence for each picture, using words from the grid.

Si hace	sol viento buen tiempo calor frío	voy a	ver un partido en el estadio. visitar el museo. ir de compras. sacar fotos de los monumentos. tomar el sol en el parque. probar la comida española.
Si llueve			

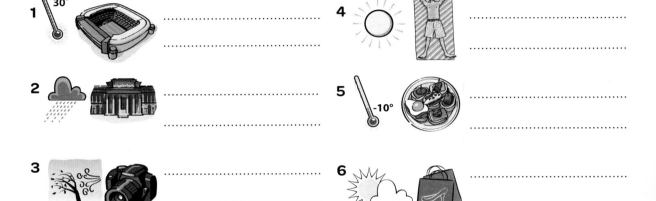

2 Read the texts. Who says what? Complete each sentence with the person's name.

Ayer fui a Londres y visité los monumentos famosos. También fui al Museo Británico y a la Galería Nacional. Vi cuadros antiguos. ¡Fue guay! Después fui de compras. No compré nada, pero comí un helado. **Laura**

Mañana, si hace calor, voy a ir al parque y voy a tomar el sol. Sin embargo, si llueve, voy a comer en un restaurante y voy a probar la comida típica. Luego voy a ver un partido de fútbol. **Adrián**

1 .... went shopping yesterday.
2 .... is going to go to a restaurant if it rains.
3 .... is going to watch a football match.
4 .... saw old paintings.
5 .... had an ice cream.
6 .... is going to sunbathe.

De paseo por Madrid (pages 110–111)

1 Look at the tourist bus webpage. Match the sections a–d with the following headings.

1 Rutas ....
2 Precios ....
3 Horarios ....
4 Comprar ....

SKILLS
- Look for key words in a text to tell you what the information is about.
- Use headings and visuals to help you understand unfamiliar words.
- Look for words you already know or can guess because they're similar to English words.

El bus turístico

¡Siéntese y disfrute de la ciudad! Nuestro servicio incluye:

- autobuses descapotables de dos pisos
- guías bilingües español e inglés
- audioguías en otros idiomas
- acceso al autobús para personas con movilidad reducida
- aire acondicionado y calefacción

a
De lunes a domingo, salidas a las:
- 09.30 horas
- 12.00 horas
- 15.30 horas
- 18.00 horas
- 20.20 horas

b
- Tarifa general (adultos): 15,90 €
- Tarifa reducida (niños entre 3 y 12 años y mayores de 65 años): 10,90 €

c
Consiga sus billetes en el siguiente enlace: ¡Compra ya!

Si prefiere, también puede conseguir billetes en nuestra oficina.

d
Hay más de cien sitios de interés en nuestra ruta. Incluyen las calles más famosas, las plazas más históricas, los museos más importantes y el estadio más grande de la ciudad.

2 Which of the following are mentioned on the webpage in Exercise 1? Write a tick (✓) or cross (✗) beside each item.

1 open-top buses ☐
2 single-decker buses ☐
3 access for disabled passengers ☐
4 air conditioning ☐
5 heating ☐
6 daily services ☐
7 free for children ☐
8 reduced rates for over-65s ☐
9 tickets only available online ☐
10 route includes major museums ☐

¡REPASO 1!

1 Draw lines to match the two parts of the dialogue.

1 ¿Quieres comer algo?

2 ¿Tienes sueño?

3 Esta es mi hermana, Marián.

4 ¿Quieres hablar con tus padres por Skype?

a Hola, Marián. Mucho gusto.

b No, gracias. Pero tengo sed. ¿Puedo tomar un vaso de agua?

c No, gracias. Voy a mandar un SMS.

d Sí. Quiero ir a la cama, por favor.

2 Complete the text with the words from the box.

antiguo   comer   cuadro   hay   más   que   ver

24 horas en Madrid

Primero **1** .... que visitar el Museo Reina Sofía para ver *el Guernica*, el **2** .... más famoso de Picasso. Luego hay **3** .... dar un paseo por el parque del Retiro. Después, puedes **4** .... en Casa Botín, el restaurante más **5** .... del mundo. Y finalmente, hay que **6** .... un partido en el Bernabéu, el estadio **7** .... grande de la capital.

¡REPASO 2!

1 Put the following sentences about the best day of Ben's holiday in the correct order. The first and last sentences have been done for you.

a Comí calamares. ¡Qué ricos! Y bebí horchata. ....

b Fue un día superguay. Si Xavi visita Inglaterra, vamos a ir al estadio de Wembley y al parque Olímpico. ...7...

c Fui de vacaciones con mi familia a la Costa Brava, y un día fui con mi amigo Xavi a Barcelona. ...1...

d Luego fuimos al museo, donde hay fotos de los jugadores más famosos del Barça. ....

e Por la mañana visitamos el Camp Nou, el estadio de fútbol más grande de España. ....

f A mediodía fuimos a un restaurante en el centro de Barcelona. ....

g Primero vimos el campo de fútbol. ....

2 Read the text in Exercise 1 again and answer the questions in English.

1 Where did Ben go for his holiday?
2 Who is Xavi, and where did Ben go with him?
3 What famous place did he go to first, and what did he see there?
4 What did he do at midday?
5 Where does he plan to take Xavi in the future?
6 Why do you think this was the best day of Ben's holiday?

3 On a separate piece of paper, translate the sentences into English.

1 Fui a España a visitar a mi amigo Fernando.
2 Fernando vive con su familia en Segovia.
3 Mi día favorito fue el miércoles porque fuimos a Madrid.
4 Por la mañana fuimos al parque del Retiro.
5 Por la tarde vi el campo de fútbol del Real Madrid.
6 Si Fernando viene a Inglaterra, vamos a visitar el estadio de Wembley y el parque Olímpico.

¡Viva! 3 © Pearson Education Limited 2015

(pages 114–115)

1 Complete the superlative sentences with the correct form of the adjective in brackets.

1. El Camp Nou y el Bernabéu son los estadios de fútbol más .... de España. **(grande)**
2. *Las Meninas* es el cuadro más .... de Velázquez. **(famoso)**
3. La Paz, en Bolivia, es la capital más .... del mundo. **(alto)**
4. El Retiro es el parque más .... de la ciudad. **(bonito)**
5. Las tiendas más .... están en el centro. **(caro)**
6. El cocido madrileño es el plato más .... de Madrid. **(típico)**
7. La Plaza Mayor es la plaza más .... de la ciudad. **(histórico)**

2 Decide whether the questions are informal (*tú/vosotros*) or formal (*usted/ustedes*).

1. Buenos días, ¿cómo estáis?   **vosotros**
2. ¿Tienes hambre? ....
3. ¿Qué quiere comer? ....
4. ¿Prefieren agua con gas o agua sin gas? ....
5. ¿Qué vas a cenar? ....

3 Circle the correct verb tense to complete the text.

Ayer **1 voy a hacer/hice** muchas cosas. Por la mañana **2 voy/fui** al Museo del Prado y **3 vi/voy a ver** muchos cuadros famosos. Por la tarde **4 voy/fui** a la Plaza Mayor, donde **5 compré/voy a comprar** regalos para mi familia en la tienda de recuerdos. Mañana **6 es/fue** el último día de mis vacaciones en Madrid. Si hace buen tiempo, **7 voy a visitar/visité** el Rastro por la mañana porque me encantan los mercados. También **8 saco/voy a sacar** muchas fotos. Por la tarde **9 tomé/voy a tomar** el sol en el parque del Retiro y **10 comí/voy a comer** un helado. ¡Qué guay!

SKILLS
- Use the preterite for completed events in the past: **fui** (I went), **vi** (I saw), **hice** (I did).
- Use **ir a** + infinitive for the near future: **voy a visitar** (I'm going to visit), **voy a comer** (I'm going to eat).

Cuaderno Verde

Record your levels for Module 5.

Listening	I have reached Level ____ in **Listening**.
Speaking	I have reached Level ____ in **Speaking**.
Reading	I have reached Level ____ in **Reading**.
Writing	I have reached Level ____ in **Writing**.

Look back through your workbook and note down the level you achieved in each skill by the end of each Module.

	Listening	Speaking	Reading	Writing
1 Somos así				
2 ¡Oriéntate!				
3 En forma				
4 Jóvenes en acción				
5 Una aventura en Madrid				

You now have a record of your progress in Spanish for the whole year.

¡Viva! 3 © Pearson Education Limited 2015

¡Mucho gusto! — Pleased to meet you!

Este es mi padre.	This is my father.
Esta es mi madre.	This is my mother.
¿Tienes hambre / sed / sueño?	Are you hungry / thirsty / sleepy?
(No) Tengo hambre / sed / sueño.	I am (not) hungry / thirsty / sleepy.
¿Quieres…?	Do you want to…?
Quiero…	I want to…
beber / comer algo	drink / eat something
hablar por Skype™	speak on Skype™
ir a la cama	go to bed
mandar un SMS	send a text
ver la tele	watch TV

La caza del tesoro — The treasure hunt

¿Adónde hay que ir?	Where do you / we have to go?
Hay que…	You/We have to…
ir al estadio Santiago Bernabéu	go to the Santiago Bernabéu Stadium
ir al parque del Retiro	go to Retiro Park
visitar el Museo Reina Sofía	visit the Reina Sofía Museum
coger el teleférico	take the cable car
comer…	eat…
comprar una postal de…	buy a postcard of…
dibujar…	draw…
sacar fotos de…	take photos of…
ver…	see…
el campo de fútbol más famoso de Madrid	the most famous football pitch in Madrid
el cuadro más famoso de España	the most famous painting in Spain
los churros más ricos del mundo	the tastiest churros in the world
el león más feroz del parque	the most ferocious lion in the park
los monumentos más interesantes de Madrid	the most interesting monuments in Madrid

Mi día favorito — My favourite day

Mi día favorito fue el (martes).	My favourite day was (Tuesday).
Por la mañana…	In the morning…
Por la tarde…	In the afternoon / evening…
bebí / bebimos horchata	I / we drank horchata
comí / comimos un bocadillo de calamares	I / we ate a fried squid sandwich
compré / compramos una gorra	I / we bought a cap
fui / fuimos a la cafetería	I / we went to the café
fui / fuimos en metro	I / we went by metro / underground
hice / hicimos muchas cosas	I / we did lots of things
monté / montamos en la montaña rusa	I / we went on the roller coaster
saqué / sacamos fotos	I / we took photos
vi / vimos los delfines	I / we saw the dolphins
visité / visitamos el zoo / el parque de atracciones	I / we visited the zoo / theme park
Fue increíble / divertido / flipante.	It was incredible / fun / awesome.
¡Qué miedo / rico / guay!	How scary / tasty / cool!

En la tienda de recuerdos — In the souvenir shop

¿Qué vas a comprar?	What are you going to buy?
¿Qué quiere usted?	What would you like? (polite form)
Quiero (comprar) algo para mi (madre).	I want (to buy) something for my (mother).
Creo que voy a comprar…	I think that I am going to buy…
un abanico / un collar	a fan / a necklace
un imán / un llavero	a magnet / a key ring
una camiseta / una figurita / una taza	a T-shirt / a figurine / a mug
(el) turrón	nougat
Me gusta la taza, pero prefiero el imán.	I like the mug, but I prefer the magnet.
Es…	It's…
barato/a	cheap
bonito/a	pretty
caro/a	expensive
feo/a	ugly
precioso/a	lovely
útil	useful
¿Cuánto es?	How much is it?
Son… euros.	It is… euros.
Es demasiado caro/a.	It's too expensive.
No, gracias.	No, thank you.
Perfecto, gracias.	Perfect, thank you.

Mi último día en Madrid — My last day in Madrid

Si…	If…
hace buen tiempo	it's good weather
hace frío / sol / viento	it's cold / sunny / windy
llueve	it's raining / it rains
voy a…	I'm going to…
ir de compras (al Rastro)	go shopping (in the Rastro)
probar (un cocido madrileño)	try (cocido madrileño stew)
sacar fotos (del Palacio Real)	take photos (of the Palacio Real)
tomar el sol (en el Retiro)	sunbathe (in the Retiro)
ver un partido (en el estadio Santiago Bernabéu)	watch a match (at the Santiago Bernabéu Stadium)
visitar (el Museo del Prado)	visit (the Prado Museum)

Palabras muy frecuentes — High-frequency words

primero	first
luego	then
después	afterwards
más tarde	later
finalmente	finally
(o) tal vez	(or) perhaps
donde	where
este/esta	this
algo	something
para	for
usted	you (polite form)
sobre todo	above all / especially

¡Viva! 3 © Pearson Education Limited 2015

Level descriptors

Listening

Level 2	I can understand a range of familiar spoken phrases.
Level 3	I can understand the main points of short spoken passages and note people's answers to questions.
Level 4	I can understand the main points of spoken passages and some of the detail.
Level 5	I can understand the main points and opinions in spoken passages about different topics. I can recognise if people are speaking about the future **OR** the past as well as the present.
Level 6	I can identify the main points and specific details in spoken passages about a variety of topics. I can recognise if people are speaking about the present, past or future.

Speaking

Level 2	I can answer simple questions and use set phrases.
Level 3	I can ask questions and use short phrases to answer questions about myself.
Level 4	I can take part in conversations. I can express my opinions. I can use grammar to change phrases to say something new.
Level 5	I can give short talks, in which I express my opinions. I can take part in conversations giving information, opinions and reasons. I can speak about the future **OR** the past as well as the present.
Level 6	I can give a short talk and answer questions about it. I can take part in conversations and give longer, more detailed responses. I can apply the grammar I know when talking about new topics.

Level descriptors

Reading

Level 2	I can understand familiar phrases. I can read aloud familiar words and phrases. I can use a vocabulary list to check meanings.
Level 3	I can understand the main points and people's answers to questions in short written texts.
Level 4	I can understand the main points in short texts and some of the detail. Sometimes I can work out the meaning of new words.
Level 5	I can understand the main points and opinions in texts about different topics. I can recognise if the texts are about the future **OR** the past as well as the present.
Level 6	I can understand the differences between the present, past and future in a range of written texts. I can pick out the main points and specific details.

Writing

Level 2	I can copy short sentences correctly and write some words from memory.
Level 3	I can answer questions about myself. I can write short phrases from memory. I can write short sentences with help.
Level 4	I can write short texts on familiar topics. I can use grammar to change phrases to write something new.
Level 5	I can write short texts on a range of familiar topics. I can write about the future **OR** the past as well as the present.
Level 6	I can write texts which give opinions and ask for information. I can write descriptions and use a variety of structures. I can apply the grammar I know when writing about new topics.

www.pearsonschools.co.uk
myorders@pearson.com

T 0845 630 33 33
F 0845 630 77 77

ISBN 978-1-4479-4